线装国学馆

道德经

春秋 老子 原著

线装国学馆编委会 编

全四卷◎第四卷

中国画报出版社
CHINA PICTORIAL PRESS

线装国学馆

道德经

道德经

道德经

线装国学馆

第四卷

线装国学馆

附录

河上公注道德经

道德经

道德经

反朴第二十八

知其雄，守其雌，为天下溪。

雄以喻尊，雌以喻卑。人虽知自尊显，当复守之以卑微。去雄之强梁，就雌之柔和，如是则天下归之，如水流入深溪也。

为天下溪，常德不离在不复离，

人能谦下如深溪，则德常在，不复离于己。

复归于婴儿。

常复归志于婴儿，蠢然而无所知也。

知其白，守其黑，为天下式。

白以喻昭昭，黑以喻默默。人虽自知昭昭明白，当复守之以默默，如暗昧无所见。如是则可为天下法式，则德常在。

为天下式，常德不忒，

人能为天下法，则德常在于己，不复差忒。

复归于无极。

德不差忒，则长生久寿，归身于无穷极也。

知其荣，守其辱，为天下谷。

荣以喻尊贵，辱以喻污浊。知己之有荣贵，当守之以污浊。如是则天下归之，如水流入深谷也。

为天下谷，常德乃足，

足，止也。人能为天下谷，德乃止于己。

复归于朴。

复当归身于质朴，不复为文饰。

朴散则为器，

万物之朴散，则为器用也。若道散，则为神明，流为日月，分为五行也。

圣人用之，则为官长。

圣人升用，则为百官之元长也。

故大制不割。

圣人用之，则以大道制御天下，无所伤割。治身则以天道制情欲，不害精神也。

无为第二十九

将欲取天下

欲为天下主也。

而为之，

欲以有为治民。

吾见其不得已矣。

我见其不得，天道人心已明矣。天道恶烦浊，人心恶多欲。

天下神器，不可为也。

器，物也。人乃天下之神物也。神物好安静，不可以有为治。

为者败之，

以有为治之，则败其质性。

执者失之。

强执教之人，则失其情实，生于诈伪也。

故物或行或随，

上所行，下必随之也。

或呴或吹，

呴，温也。吹，寒也。有所温，必有所寒也。

或强或羸，

有所强大，必有所羸弱也。

或载或隳。

载，安也。隳，危也。有所安，必有所危。明人君不可以有为治国与治身也。

是以圣人去甚，去奢，去泰。

甚谓贪淫声色，奢谓服饰饮食，泰谓宫室台榭。去此三者，处中和，行无为，则天下自化。

俭武第三十

以道佐人主者，

谓人主能以道自辅佐也。

不以兵强天下。

以道自佐之主，不以兵革，顺天任德，敌人自服。

其事好还。

其举事好还，自责不怨于人也。

师之所处，荆棘生焉。

农事废，田不修。

大军之后，必有凶年。

天应之以恶气，即害五谷。五谷尽，伤人也。

善者果而已，

善兵者当果敢而已不休。

不敢以取强。

不以果敢取强大之名也。

果而勿矜，

当果敢谦卑，勿自矜大也。

果而勿伐，

当果敢推让，勿自伐，取其美也。

果而勿骄，

骄，欺也。果敢，勿以骄欺人。

果而不得已，

当果敢至诚，不当迫不得已也。

果而勿强。

果敢，勿以为强兵坚甲以侵凌人也。

物壮则老，

草木壮极则枯落，人壮极则衰老也。言强者不可以壮。

是谓不道，

枯老者生不行道也。

不道早已。

不行道者早死。

偃武第三十一

夫佳兵，不祥之器。

祥，喜也。兵者，惊精神，浊和气，不善人之器也，不当修饰之。

物或恶之，

兵动则有所害，故万物无有不恶之。

故有道者不处。

有道之人不处其国。

君子居则贵左，

贵柔弱也。

用兵则贵右。

贵刚强也。此言兵道与君子道反，所贵者异也。

兵者，不祥之器，

兵革者，不善之器也。

非君子之器。

非君子所贵重器也。

不得已而用之，

谓遭衰逆乱，祸欲加万民，乃用之以自守。

恬惔为上。

不贪土地，利人财宝。惔，一作『然』。

胜而不美，

虽得胜而不以为利己也。

而美之者，是乐杀人。

美得胜，若是为喜乐杀人者也。

夫乐杀人者，则不可以得志于天下矣。

为人君而乐杀人，此不可使得志于天下。为人主必专制人命，妄行刑诛。

吉事尚左，

左，生位也。

凶事尚右。

阴道杀人。

偏将军居左，

偏将军，卑而居阳者，以其不专杀也。

上将军居右，

上将军尊而居右者，言其主杀也。

言以丧礼处之。

上将军于右，丧礼尚右，死人贵阴也。

杀人之众，以悲哀泣之，

伤己德薄，不能以道化人而害无辜之民。

战胜以丧礼处之。

古者战胜将军，丧主礼之位。素服而哭之，明君子贵德而贱兵，不得已诛不祥，心不乐之比于丧也。知后世用兵不已，故悲痛之。

圣德第三十二

道常无名，

道能阴能阳，能驰能张，能存能亡，故无常名也。

朴虽小，天下不敢臣。

道朴虽小，微妙无形，天下不敢有臣使道者也。

侯王若能守之，万物将自宾。

侯王若能守道无为，万物将自宾服从于德也。

天地相合以降甘露，

侯王动作，能与天相应合，天即下甘露善瑞也。

民莫之令而自均。

天降善瑞，则万物莫有教令之者，皆自均调若一也。

始制有名。

始，道也。有名，万物也。道无名能制于有名，无形能制于有形也。

名亦既有，

既，尽也。有名之物，尽有情欲，叛道离德，故身毁辱也。

天亦将知之。

人能去道行德，天亦将自知之。

知之所以不殆。

天知之，则神灵祐助，不复危殆。

譬道之在天下，犹川谷之与江海。

言道之在天下，与人相应和，如川谷与江海相流通也。

辩德第三十三

知人者智，

能知人好恶，是为智。

自知者明。

人能自知贤不肖，是为反听无声，内视无形，故为明。

胜人者有力，

能胜人者，不过以威力也。

自胜者强。

人能自胜己情欲，则天下无有能与己争者，故为强。

知足者富。

人能知足之为足，则长保福禄，故为富也。

强行者有志。

人能强力行善，则为有意于道，道亦有意于人。

不失其所者久。

人能自节养，不失其所受天之精气，则可以久。

死而不亡者寿。

目不妄视，耳不妄听，口不妄言，则无怨恶于天下，故长寿。

道德经

任成第三十四

大道泛兮，

言道泛泛，若浮若沉，若有若无，视之不见，说之难殊。

其可左右。

道可左右，无所不宜。

万物恃之而生，

恃，待也。万物皆恃道而生。

而不辞，

道不辞谢而逆止也。

功成不名有。

有道，不名其有功也。

爱养万物而不为主，

道虽爱养万物，不如人主有所放取。

常无欲，可名于小；

道匿德藏名，恒然无为，似若微小也。

万物归焉而不为主，

万物皆归道受气，道非如人主有所禁止也。

可名为大。

万物横来横去，使各自在，故不若于大也。

是以圣人终不为大，

圣人法道，匿德藏名，不为满大。

故能成其大。

圣人以身师导，不言而化，万事修治，故能成其大。

仁德第三十五

执大象，天下往。

执，守也。象，道也。圣人守大道，则天下万物心归往之也。治身则天降神明，往来于己也。

往而不害，安平太。

万物归往而不伤害，则国安家宁而致太平矣。治身不害神明，则身安而大寿也。

乐与饵，过客止。

饵，美也。过客，一也。人能乐美于道，则一留止也。一者，去盈而处虚，忽忽如过客。

道之出口，淡乎其无味，

道出入于口，淡淡非如五味，有酸、咸、苦、甘、辛也。

视之不足见，

足，得也。道无形，非若五色，有青、黄、赤、白、黑可得见也。

听之不足闻，

道，非若五音，有宫、商、角、徵、羽可得听闻也。

用之不可既。

用道治国，则国安民昌。治身则寿命延长，无有既尽时也。

道德经

微明第三十六

将欲噏之，必固张之；
先开张之者，欲极其奢淫。
将使弱之，必固强之；
先强大之者，欲使遇祸患。
将欲废之，必固兴之；
先兴之者，欲使其骄危也。
将欲夺之，必固与之。
先与之者，欲极其贪心也。
是谓微明。
此四事，其道微，其效明也。
柔弱胜刚强。
柔弱者久长，刚强者先亡也。
鱼不可脱于渊，
鱼脱于渊，谓去刚得柔，不可复制也。
国之利器不可以示人。
利器，权道也。治国权者，不可以示执事之臣也。治身道者，不可以示非其人也。

为政第三十七

道常无为而无不为。
道以无为为常也。
侯王若能守，万物将自化。
言侯王若能守道，万物将自化效于己也。
化而欲作，吾将镇之以无名之朴。
吾身也，无名之朴。道也，万物以化效于己也。复欲作巧伪者，侯王当身镇抚以道德。
无名之朴，亦将不欲。不欲以静，
言侯王镇抚以道德，民亦将不欲，改当以清静导化之也。
天下将自定。
能如是者，天下将自正定也。

论德第三十八

上德不德，

上德，谓太古无名号之君，德大无上，故言上德也。不德者，言其不以德教民，因循自然养人性命，其德不见，故言不德也。

是以有德。

言其德合于天地，和气流行，民得以全也。

下德不失德，

下德，谓号谥之君，德不及上德，故言下德也。不失德者，其德可见，其功可称也。

是以无德。

以有名号及其身故。

上德无为，

谓法道安静，无所改为也。

而无以为；

言无以名号为。

下德为之，

言为教令施政事也。

而有以为。

言以为己取名号也。

上仁为之，

上仁，谓行仁之君，其仁为上，故言上仁也。为之者，为仁恩。

而无以为。

功成事立，无以执为。

上义为之，

为义以断割也。

而有以为。

动作以为己，杀人以成威，贼下以自奉也。

上礼为之，

谓上礼之君，其礼无上，故言上礼。为之者，言为礼制度，序威仪。

而莫之应；

言礼华盛实衰，饰伪烦多，动则离道不可应也。

则攘臂而仍之。

言烦多不可应，上下忿争，故攘臂相仍引。

故失道而后德，

言道衰而德化生也。

失德而后仁，

言德衰而仁爱见也。

失仁而后义，

言仁衰而分义明也。

失义而后礼。

言义衰则施礼聘行玉帛。

夫礼者，忠信之薄，

言礼废本治末，忠信日以衰薄。

而乱之首。

礼者，贱质而贵文，故正直日以少，邪乱日以生。

前识者，道之华，

不知而言知，为前识。此人失道之实，得道之华。

而愚之始。

言前之人，愚暗之倡始。

是以大丈夫处其厚，

大丈夫，谓得道之君也。处其厚者，处身于敦朴。

不居其薄；

不处身违道，为世烦乱也。

处其实，

处忠信也。

不居其华。

不尚言也。

故去彼取此。

去彼华薄，取此厚实。

法本第三十九

昔之得一者：

昔，往也。一，无为，道之子也。

天得一以清，地得一以宁，

言天得一，故能垂象清明；地得一，故能安静不动摇。

神得一以灵，

言神得一，故能变化无形。

谷得一以盈，

言谷得一，故能盈满而不绝也。

万物得一以生，

言万物皆须道以生成也。

侯王得一以天下为正。

言侯王得一，故能为天下平正。

其致之，

致，诚也，谓下五事也。

谓天无以清将恐裂，

言天当有阴阳施张，昼夜更用，不可但欲清明无已时，将恐分裂不为天。

地无以宁将恐发，

言地当有高下刚柔，气节五行，不可但欲安静无已时，将恐发泄不为地。

神无以灵将恐歇，

言神当有王相囚死休废，不可但欲灵无已时，将恐虚歇不为神也。

谷无以盈将恐竭，

言谷当有盈缩虚实，不可但欲盈满无已时，将恐枯竭不为谷。

万物无以生将恐灭，

言万物当随时生死，不可但欲生无已时，将恐灭亡不为物也。

侯王无以贵高将恐蹶。

言侯王当屈己以下人，汲汲求贤，不可但欲高于人，将恐颠蹶失其位也。

故贵以贱为本，

言必欲尊贵，当以薄贱为本，若禹稷躬稼、舜陶河滨、周公下白屋也。

高必以下为基。

言必欲尊贵，当以下为本基，犹筑墙造功，因卑成高，下不坚固，后必倾危。

是以侯王自谓孤寡不毂。

孤寡，喻孤独。不毂，喻不能。如车毂，为众毂所凑。

此非以贱为本耶？

言侯王至尊贵，能以孤寡自称，此非以贱为本乎？以晓人。

非乎？

嗟叹之辞。

故致数车无车，

致，就也，言人就车数之。为辐，为轮，为毂，为衡，为轝，无有名为车者，故成为车。以喻侯王不以尊号自名，故能成其贵。

不欲琭琭如玉，落落如石。

琭琭，喻少。落落，喻多。玉少故见贵，石多故见贱。言不欲如玉为人所贵，如石为人所贱，当处其中也。

去用第四十

反者道之动，

反，本也。本者道所以动，动生万物，背之则亡也。

弱者道之用。

柔弱者，道之所常用，故能长久。

天下万物生于有，

万物皆从天地，生天地有形位，故言生于有也。

有生于无。

天地神明，蜎飞蠕动，皆从道生。道无形，故言生于无。此言本胜于华，弱胜于强，谦虚胜盈满也。

道德经

同异第四十一

上士闻道，勤而行之；

上士闻道，自勤苦，竭力而行之。

中士闻道，若存若亡；

中士闻道，治身以长存，治国以太平，欣然而存之。退见财色荣誉，或于情欲而复亡之也。

下士闻道，大笑之。

下士贪狼多欲，见道柔弱，谓之恐惧，见道质朴，谓之鄙陋，故大笑之。

不笑不足以为道。

不为下士所笑，不足以名为道。

故建言有之：

建，设也。设言以有道，当如下句。

明道若昧，

明道之人若暗昧无所见。

进道若退，

进取道者，若退不及。

夷道若类。

夷，平也。大道之人不自别殊，若多比类也。

上德若谷，

上德之人若深谷，不耻垢浊也。

大白若辱，

大洁白之人若污辱不自彰显也。

广德若不足，

德行广大之人若愚顽不足也。

建德若偷，

建设道德之人若可偷引使空虚也。

质真若渝。

质朴之人若五色有渝浅不明。

大方无隅，

大方正之人无委曲廉隅。

大器晚成，

大器之人若九鼎瑚琏，不可卒成也。

大音希声，

大音犹雷霆，待时而动，喻常爱气希言也。

大象无形。

大法象之人质朴无形容。

道隐无名。

道潜隐，使人无能指名也。

夫唯道善贷且成。

成，就也。言道善禀贷人精气，且成就之也。

道化第四十二

道生一，

道始所生者。

一生二，

一生阴与阳也。

二生三，

阴阳生，和气浊，三气分，为天地人也。

三生万物。

天地共生万物也，天施地化，人长养之也。

万物负阴而抱阳，

万物无不负阴而向阳，回心而就日。

冲气以为和。

万物中皆有元气，得以和柔，若胸中有藏，骨中有髓，草木中有空虚，与气通，故得久生也。

人之所恶，唯孤寡不毂，而王公以为称。

孤寡不毂者，不祥之名。而王公以为称者，处谦卑，法虚空和柔。

故物或损之而益，

引之不得，推之必还。

或益之而损。

夫增高者崩，贪富者致患。

人之所教，

谓众人所以教，去弱为强，去柔为刚。

我亦教之。

言我教众人，使去强为弱，去刚为柔。

强梁者不得其死，

强梁谓不信玄妙，背叛道德，不从经教，尚势任力也。不得其死者，为天所绝，兵刃所伐，王法所杀，不得以寿命死也。

吾将以为教父。

父，始也。老子以强梁之人为教戒之始也。

遍用第四十三

天下之至柔，驰骋天下之至坚。

至柔者水，至坚金石。水能贯坚入刚，无所不通。

无有入无间。

无有，谓道也。道无形质，故能出入无间，通神群生也。

吾是以知无为之有益。

吾见道无为而万物自化成，是以知无为之有益于人也。

不言之教，

法道不言，师之以身。

无为之益，

法道无为，治身则有益精神，治国则有益万民，不劳烦也。

天下希及之。

天下，人主也。希能有及道无为之治身治国也。

立戒第四十四

名与身孰亲？

名遂则身退也。

身与货孰多？

财多则害身也。

得与亡孰病？

好得利，则病于行也。

甚爱必大费，

甚爱色，费精神；甚爱财，遇祸患。所爱者少，所亡者多，故言大费。

多藏必厚亡。

生多藏于府库，死多藏于丘墓。生有攻劫之忧，死有掘冢探柩之患。

知足不辱，

知足之人绝利去欲，不辱于身。

知止不殆，

知可止，则财利不累身，声色不乱于耳目，则身不危殆也。

可以长久。

人能知止足，则福禄在己。治身者神不劳，治国者民不扰，故可长久。

洪德第四十五

大成若缺，

谓道德大成之君若缺者，灭名藏誉，如毁缺不备也。

其用不弊。

其用心如是，则无弊尽时。

大盈若冲，

谓道德大盈满之君也。如冲者，贵不敢骄也，富不敢奢也。

其用不穷。

其用心如是，则无穷尽时也。

大直若屈，

大直，谓修道法度正直如一也。如屈者，不与俗人争，如可屈折。

大巧若拙，

大巧，谓多才术也。如拙者，亦不敢见其能。

大辩若讷。

大辩者，智无疑。如讷者，口无辞。

躁胜寒，

胜，极也。春夏阳气躁疾于上，万物盛大。极则寒，寒则零落死亡也。言人不当刚躁也。

静胜寒。

秋冬万物静于黄泉之下，极则热。热者，生之源。

清静为天下正。

能清静则为天下长，持正则无终已时也。

俭欲第四十六

天下有道，

谓人主有道也。

却走马以粪；

粪者，粪田也。兵甲不用，却走马治农田。治身者却阳精以粪其身。

天下无道，

谓人主无道也。

戎马生于郊。

战伐不止，戎马生于郊境之上，久不还也。

罪莫大于可欲，

好淫色也。

祸莫大于不知足，

富贵不能自禁止也。

咎莫大于欲得，

欲得人物利，且贪也。

故知足之足，

守真根也。

常足。

无欲心也。

鉴远第四十七

不出户，知天下；

圣人不出户以知天下者，以己身知人身，以己家知人家，所以见天下也。

不窥牖，见天道。

天道与人道同，天人相通，精气相贯。人君清净，天气自正；人君多欲，天气烦浊。吉凶利害皆由于己。

其出弥远，其知弥少。

谓去其家观人家，去其身观人身，所观益远，所用益少也。

是以圣人不行而知，

圣人不上天不入渊，能知天地，以心知之。

不见而名，

上好道，下好德；上好武，下好力。圣人原小知大，察内知外。

无为而成。

上无所为，则下无事。家给人足，万物自化成也。

忘知第四十八

为学日益，

学，谓政教礼乐之学也。日益者，情欲文饰日以益多。

为道日损。

道，谓自然之道也。日损者，情欲文饰日以消损。

损之又损，

损情欲，又损之，所以渐去。

以至于无为。

当恬淡如婴儿，无所造为。

无为而无不为。

情欲断绝，德与道合，则无所不施，无所不为也。

取天下常以无事，

取，治也。治天下常当以无事，不当烦劳也。

及其有事，不足以取天下。

及其好有事，则政教烦民不安，故不足以治天下也。

任德第四十九

圣人无常心，

圣人重改更，贵因循，若自无心。

以百姓心为心。

百姓心之所便，因而从之。

善者，吾善之；

百姓为善，圣人因而善之。

不善者，吾亦善之，

百姓虽有不善者，圣人化之使善也。

德善。

百姓德化，圣人为善。

信者，吾信之；

百姓为信，圣人因而信之。

不信者，吾亦信之，

百姓为不信，圣人化之使信也。

德信。

百姓德化，圣人为信。

圣人在天下，怵怵，

圣人在天下怵怵，常恐怖，富贵不敢骄奢。

常为天下浑其心。

言圣人为天下百姓，浑浊其心，若愚暗不通也。

百姓皆注其耳目，

注，用也。百姓皆用其耳目，为圣人视听也。

圣人皆孩之。

圣人爱念百姓，如孩婴赤子，长养之而不责望其报。

道德经

贵生第五十

出生入死。

出生，谓情欲出无内。魂定魄静，故生也。入死，谓情欲入于胸臆。精神劳惑，故死。

生之徒，十有三；死之徒，十有三；

言生死之类，各有十三。谓九窍四开也。其生也，目不妄视，耳不妄听，鼻不妄香臭，口不妄言味，手不妄持，足不妄行，精神不妄施。其死也，及是也。

人之生，动之死地，十有三。

人之求生，动作反之，十三死也。

夫何故？

问何故动之死地也。

以其生生之厚。

所以动之死地者，以其求生活之事太厚，违道忤天妄行失纪。

盖闻善摄生者，

摄，养也。

陆行不遇兕虎，

自然远避，害不干也。

入军不避甲兵；

不好战以杀人。

兕无投其角，虎无所措爪，兵无所容其刃。

养生之人，虎兕无由伤，兵刃无从加之也。

夫何故？

问虎兕兵甲何故不害之。

以其无死地。

以其不犯十三之死地，言神明营护之，此物不敢害。

养德第五十一

道生之，

道生万物。

德畜之，

德，一也。一生布气而畜养。

物形之，

一为万物，设形象也。

势成之。

一为万物，作寒暑之势以成之。

是以万物莫不尊道而贵德。

道德所为，无不尽惊动而尊敬。

道之尊，德之贵，夫莫之命而常自然。

道，一。不命召万物，而常自然应之如影响。

故道生之，德畜之。长之育之，成之熟之，养之覆之。

道之于万物，非但生之而已，乃复长养，成熟覆育，全于性命。人君治国治身，亦当如是也。

生而不有，

道生万物，不有所取以为利也。

为而不恃，

道所施为，不恃望其报也。

长而不宰，

道长养万物，不宰割以为利也。

是谓玄德玄。

道之所行，恩德玄暗，不可得见。

归元第五十二

天下有始，

始，有道也。

以为天下母。

道为天下万物之母。

既知其母，复知其子；

子，一也。既知道，已当复立一也。

既知其子，复守其母，

已知一，当复守道，反无为。

没身不殆。

不危殆也。

塞其兑，

兑，目也。目不妄视也。

闭其门，

门，口也。使口不妄言。

终身不勤。

人当塞目不妄视，闭口不妄言，则终身不勤苦。

开其兑，

开，目视情欲也。

济其事，

济，益也。益情欲之事。

终身不救。

祸乱成也。

见小曰明，

萌芽未动，祸乱未见，为小。昭然独见，为明。

守柔曰强。

守柔弱，日以强大也。

用其光，

用其日光于外，视时世之利害。

复归其明，

复当反其光明于内，无使精神泄也。

无遗身殃，

内视存神，不为漏失。

是谓习常。

人能行此，是谓习常修常道。

益证第五十三

使我介然有知，行于大道，

介，大也。老子疾时王不行大道，故设此言。使我介然有知于政事，我则行于大道，躬无为之化。

唯施是畏。

唯，独也。独畏有所施为失道意。欲赏善，恐伪善生；欲信忠，恐诈忠起。

大道甚夷，而民好径。

夷，平易也。径，邪不平正也。大道甚平易，而民好从邪径也。

朝甚除，

高台榭，宫室修。

田甚芜，

农事废，不耕治。

仓甚虚；

五谷伤害，国无储也。

服文彩，

好饰伪，贵内华。

带利剑，

尚刚强，武且奢。

厌饮食，财货有余，

多嗜欲，无足时。

是谓盗夸。

百姓不足而君有余者，是由劫盗以为服饰，持行夸人，不知身死家破，亲戚并随也。

非道哉！

人君所行如是，此非道也。复言哉者，痛伤之辞。

修观第五十四

善建者不拔，

建，立也。善以道立身立国者，不可得引而拔也。

善抱者不脱，

善以道抱精神者，终不可拔引解脱。

子孙祭祀不辍。

为人子孙，能修道如是，长生不死，世世以久，祭祀先祖宗庙无绝时。

修之于身，其德乃真；

修道于身，爱气养神，益寿延年。其德如是，乃为真人。

修之于家，其德有余；

修道于家，父慈子孝，兄友弟顺，夫信妻贞。其德如是，乃有余庆，及于来世子孙。

修之于乡，其德乃长；

修道于乡，尊敬长老，爱养幼小，教诲愚鄙。其德如是，乃无不覆及也。

修之于国，其德乃丰。

修道于国，则君信臣忠，仁义自生，礼乐自兴，政平无私。其德如是，乃为丰厚也。

修之于天下，其德乃普。

人主修道于天下，不言而化，不教而治，

下之应上，信如影响。其德如是，乃为普传。

故以身观身，

以修道之身观不修道之身，孰亡孰存也。

以家观家，

以修道之家观不修道之家也。

以乡观乡，

以修道之乡观不修道之乡也。

以国观国，

以修道之国观不修道之国也。

以天下观天下。

以修道之主观不修道之主也。

何以知天下之然哉？以此。

老子言吾何知天下修道者昌、背道者亡，以此五事观而知之也。

玄符第五十五

含德之厚，

谓含怀道德之厚也。

比于赤子。

神明保祐含德之人，若父母之于赤子也。

毒虫不螫，

蜂虿蛇虺不螫。

猛兽不据，玃鸟不搏。

赤子不害于物，物亦不害之，故太平之世，人无贵贱仁义之心，有刺之物还反其本，有毒之虫不伤于人。

骨弱筋柔而握固。

赤子筋骨柔弱，而持物坚固，以其意心不移也。

未知牝牡之合而朘作，精之至也。

赤子未知男女之合会而阴作怒者，由精气多之所致也。

终日号而不哑，和之至也。

赤子从朝至暮，啼号声不变易者，和气多之所致也。号，平声。

知和曰常，

人能知和气之柔弱有益于人者，则为知道之常也。

知常曰明。

人能知道之常行，则日以明达于玄妙也。

益生曰祥。

祥，长也。益生，言欲自生日以长大。

心使气曰强。

心当专一和柔，而气实内，故形柔而反使妄有所为。和气去于中，故形体日以刚强也。

物壮将老，

万物壮极，则枯老也。

谓之不道，

老不得道。

不道早已。

不得道者早已死也。

玄德第五十六

知者不言，

知者，贵行不贵言也。

言者不知。

驷不及舌，多言多患。

塞其兑，闭其门，

塞闭之者，欲绝其源。

挫其锐，

情欲有所锐为，当念道无为以挫止之。

解其纷，

纷，结恨不休。当念道无为以解释之。

和其光，

虽有独见之明，当和之使暗昧，不使曜眩。

同其尘，

不当自别殊也。

是谓玄同。

玄，天也。人能行此上事，是谓与天同道也。

故不可得而亲，

不以荣誉为乐，独立为哀。

亦不可得而踈；

志静无故，与人无怨。

不可得而利，

身不欲富贵，口不欲五味。

亦不可得而害；

不与贪争利，不与勇争气。

不可得而贵，

不为乱世主，不处暗君位。

亦不可得而贱。

不以乘权故骄，不以失志故屈。

故为天下贵。

其德如此，天子不得臣，诸侯不得屈，与世沉浮，容身避害，故为天下贵也。

淳风第五十七

以正治国，

以，至也。天使正身之人，使至有国也。

以奇用兵，

奇，诈也。天使诈为之人，使用兵也。

以无事取天下。

以无事无为之人，使取天下为之主。

吾何以知其然哉？以此。

此，今也。老子言我何以知天意然哉，以今日所见知。

天下多忌讳，而民弥贫；

天下，谓人主也。忌讳者，防禁也。令烦则奸生，禁多则下诈，相殆故贫。

民多利器，国家滋昏；

利器者，权也。民多权，则视者眩于目，听者惑于耳，上下不亲，故国家昏乱。

人多伎巧，奇物滋起；

人，谓人君，百里诸侯也。多知伎巧，谓刻画宫观，彫琢服章，奇物滋起，下则化上，饰金镂玉，文绣彩色，日以滋甚。

法物滋彰，盗贼多有。

法物，好物也。珍好之物，滋生彰著，则农事废，饥寒并至，故盗贼多有也。

故圣人云：

谓下事也。

我无为而民自化，

圣人言我修道承天，无所作为，而民自化成也。

我好静而民自正，

圣人言我好静，不言不教，民皆自忠正也。

我无事而民自富，

我无徭役征召之事，民安其业，故皆自富。

我无欲而民自朴。

我常无欲，去华饰，民则随我，为多质朴也。

顺化第五十八

其政闷闷，

其政教宽大，闷闷昧昧，似若不明也。

其民醇醇；

政教宽大，故民醇醇，富贵相亲也。

其政察察，

其政教急疾，言决于口，听决于耳也。

其民缺缺。

政教急，民不聊生，故缺缺，日以疏薄。

祸兮，福之所倚；

倚，因也。夫祸因福而生，人遭祸而能悔过责己，修善行道，则祸去而福来。

福兮，祸之所伏。

祸伏匿于福中，人得福而为骄恣，则福去祸来。

孰知其极？

祸福更相生，谁能知其穷极时。

其无正。

无，不也。谓人君不正其身，其无国也。

正复为奇，

奇，诈也。人君不正，下虽正，复化上为诈也。

善复为妖。

善人皆复化上，为妖祥也。

人之迷，其日固久。

言人君迷惑失正以来，其日已固久。

是以圣人方而不割，

圣人行方正者，欲以率下，不以割截人也。

廉而不害，

圣人廉清，欲以化民，不以伤害人也。今则不然，正己以害人也。

直而不肆，

肆，申也。圣人虽直，曲己从人，不自申之也。

光而不曜。

圣人虽有独知之明，常如暗昧，不以曜眩人也。

守道第五十九

治人，谓人君欲治理人民。

事天，事，用也。当用天道顺四时。

莫若啬。啬，贪也。治国者当爱民，财不为奢泰；治身者当爱精气，不放逸。

夫唯啬，是谓早服。早，先也。服，得也。夫独爱民财，爱精气，则能先得天道也。

早服谓之重积德，先得天道，是谓重积德于己也。

重积德则无不克，克，胜也。重积德于己，则无不胜。

无不克则莫知其极，无不克胜，则莫有知己德之穷极也。

莫知其极可以有国，莫知己德有极，则可以有社稷为民致福。

有国之母可以长久。国，身同也。母，道也。人能保身中之道，使精气不劳，五神不苦，则可以长久。

是谓深根固柢，人能以气为根，以精为蒂。如树根不深，则枝蒂不坚，则落。言当深藏其气，固守其精，使无漏泄。

长生久视之道。深根固蒂者，乃长生久视之道。

居位第六十

治大国，若烹小鲜。鲜，鱼。烹小鱼，不去肠，不去鳞，不敢挠，恐其糜也。治国烦，则下乱；治身烦，则精散。

以道莅天下，其鬼不神。以道德居位治天下，则鬼不敢见其精神以犯人也。

非其鬼不神，其神不伤人；其鬼非无精神也，邪不如正，不能伤自然之人。

非其神不伤人，圣人亦不伤人。非鬼神不能伤害人，以圣人在位，不伤害人，故鬼不敢干之也。

夫两不相伤，鬼与圣人，俱两不相伤也。

故德交归焉。夫两不相伤，人得治于阳，鬼得治于阴，人得全其性命，鬼得保其精神，故德交归焉。

谦德第六十一

大国者下流。

治大国，当如居下流，不逆细微。

天下之交，

大国，天下士民之所交会。

天下之牝。

牝者，阴类也。柔，谦和而不昌也。

牝常以静胜牡，

女所以以胜屈于男，阴胜阳，以安尽不先求之也。

以静为下。

阴道以安静为谦下。

故大国以下小国，则取小国；

能谦下之，则常有之。

小国以下大国，则取大国。

此言国无大小，能执谦畜人，则无过失也。

故或下以取，或下而取。

下者，谓大国以下小国。小国以下大国，更以义相取。

大国不过欲兼畜人，

大国不可失，则兼并人国而牧畜之。

小国不过欲入事人。

使为臣仆。

夫两者各得其所，欲大者宜为下。

大国小国各欲得其所，大国又宜为谦下。

为道第六十二

道者万物之奥，

奥，藏也。道为万物之藏，无所不容也。

善人之宝，

善人以道为身宝，不敢违。

不善人之所保也。

道者，不善人之。保，倚也。遭患逢急，犹自知悔卑下。

美言可以市，

美言者，独可于市耳。夫市交易而退，不相宜善言美语。求者欲疾得，卖者欲疾售也。

尊行可以加人。

加，别也。人有尊贵之行，可以别异于凡人，未足以尊道。

人之不善，何弃之有！

人虽不善，当以道化之。盖三皇之前，无有弃民，德化淳也。

故立天子，置三公，

欲使教化不善之人。

虽有拱璧以先驷马，不如坐进此道。

虽有美璧，先驷马而至，故不如坐进此道。

古之所以贵此道者何？不曰以求得，

古之所以贵此道者，不日日远行求索，近得之于身。

有罪以免耶？

有罪，谓遭乱世暗君，妄行刑诛。修道则可以解死，免于罪耶。

故为天下贵。

道德洞远，无不覆济全身。治国恬然无为，故可为天下贵也。

恩始第六十三

为无为，

因成修，故无所造作。

事无事，

预有备，除烦省事也。

味无味。

深思远虑，味道意也。

大小多少，

陈其戒令也。欲大反小，欲多反少，自然之道也。

报怨以德。

修道行善，绝祸于未生也。

图难于其易，

欲图难事，先于易者，未及成也。

为大于其细。

欲为大事，必作于小。祸乱从小来也。

天下难事必作于易，天下大事必作于细。

是以圣人终不为大，故能成其大。

天下共归之也。

夫轻诺必寡信，

不重言也。

多易必多难，

不慎患也。

是以圣人犹难之，

圣人动作举事，犹进退重。难之，欲塞其源。

故终无难。

圣人终身无患难之事，犹避害深也。

守微第六十四

其安易持，

治身治国安静者，易守持也。

其未兆易谋。

情欲祸患未有形兆时，易谋正也。

其脆易破，

祸乱未动于朝，情欲未见于色，如脆弱，易破除。

其微易散。

其未彰著，微小易散去也。

为之于未有，

欲有所为，当于未有萌牙之时，塞其端也。

治之于未乱。

治身治国，于未乱之时，当预闭其门也。

合抱之木，生于毫末；

从小成大。

九层之台，起于累土；

从卑至高。

千里之行始于足下。

从近至远。

为者败之，

有为于事，废于自然；有为于义，反于仁；有为于色，废于精神也。

执者失之。

执利遇患，执道全身，坚持不得推让反还。

圣人无为，故无败；

圣人不为华文，不为色利，不为残贼，故无坏败。

无执，故无失。

圣人有德以教愚，有财以与贫，无所执藏，故无所失于人也。

民之从事，常于几成而败之。

从，为也。民人为事，常于功德几成，而贪位好名，奢泰盈满，而自败也。

慎终如始，则无败事。

终当如始，不当懈怠。

是以圣人欲不欲，

圣人欲人所不欲。人欲彰显，圣人欲韬光；人欲文饰，圣人欲质朴；人欲色，圣人欲于德也。

不贵难得之货。

圣人不眩晃为服玩，不贱石而贵玉。

学不学，

圣人学人所不能学。人学智诈，圣人学自然；人学治世，圣人学治身，守道真也。

复众人之所过，

众人学问，反过本为末，过实为华。复之者，使反本也。

以辅万物之自然，

教人反本实者，欲以辅助万物自然之性也。

而不敢为。

圣人动作因循，不敢有所造为，恐远本也。

淳德第六十五

古之善为道者，

谓古之善以道治身及治国者。

非以明民，

不以道教民，明知巧诈也。

将以愚之。

将以道德教民，使朴质不诈伪。

民之难治，以其智多。

以其智多，故为巧伪。

故以智治国，国之贼；

使智惠之人，治国之政事，必远道德。妄作威福，为国之贼。

不以智治国，国之福。

不使智惠之人，治国之政事，则民守正道，不为邪饰，上下相亲，君臣同力，故为国之福也。

知此两者，亦楷式。

两者，谓智与不智者。当知智者为贼，不智者能为福，是治身治国之法式也。

常知楷式，是谓玄德。

玄，天也。能知治身及治国之法式，是谓与天同德也。

玄德深矣，远矣，

玄德之人深不可测，远不可极也。

与物反矣，

玄德之人与万物反异。万物欲益己，玄德施与人也。

乃至于大顺。

玄德与万物反异，故能至大顺，顺天理也。

后己第六十六

江海所以能为百谷王者，以其善下之，

江海以卑，故众流归之，若民归就王。

故能为百谷王。

以卑下，故能为百谷王也。

是以圣人欲上民，

欲在民上。

必以言下之；

法江海，处谦虚。

欲先民，

欲在民之前也。

必以身后之。

先人而后己也。

是以圣人处上而民不重，

圣人在民上为主，不以尊贵虚下，故民戴而不为重。

处前而民不害。

圣人在民前，不以光明蔽后，民亲之若父母，无有欲害之心也。

是以天下乐推而不厌。

圣人恩深爱厚，视民如赤子，故天下乐推进以为主，无有厌也。

以其不争，

天下无厌圣人时，是由圣人不与人争先后也。

故天下莫能与之争。

言人皆有为无争，与吾争无为。

三宝第六十七

天下皆谓我：大似不肖。

老子言天下谓我德大，我则佯愚似不肖。

夫唯大，故似不肖。

唯独名德大者，为身害，故佯愚似若不肖，无所分别，无所割截，不贱人而自贵。

若肖，久矣。

肖，善也，谓辨惠也。若夫辨惠之人，身高自贵，行察察之政，所从来久矣。

其细。

言辨惠者唯如小人也，非长者。

夫我有三宝，持而宝之：

老子言我有三宝，抱持而保倚。

一曰慈，

爱百姓若赤子。

二曰俭，

赋敛若取之于己也。

三曰不敢为天下先。

执谦退，不敢倡始也。

慈，故能勇；

以为仁，故能勇于忠孝也。

俭，故能广；

天子身能节俭，故民日用广矣。

不敢为天下先，

不为天下首先。

故能成器长。

成器长，谓得道人也。我能为道，人之长也。

今舍慈且勇，

今世人舍慈仁，但为勇武也。

舍俭且广，

舍其俭约，但为奢泰。

舍后且先，

舍其后己，但为人先。

死矣！

所行如此，动入死地。

夫慈，以战则胜，以守则固。

夫慈仁者，百姓亲附，并心一意，故以战则胜敌，以守卫则坚固。

天将救之，以慈卫之。

天将救助善人，必与慈仁之性，使能自当助也。

道德经

配天第六十八

善为士者不武，

言贵道德，不好武力。

善战者不怒，

善以道战者，禁邪于胸心，绝祸于未萌，无所诛怒也。

善胜敌者不与，

善以道胜敌者，附近以仁，来远以德，不与敌争，而敌自服也。

善用人者为下。

善用人自辅佐者，常为人执谦下也。

是谓不争之德，

谓上为之下也，是乃不与人争之道德也。

是谓用人，

能身为人下，是谓用人臣之力。

是谓配天，

能行此者，德配天地。

古之极。

是乃古之极要道也。

玄用第六十九

用兵有言：

陈用兵之道。老子疾时用兵，故托己设其义也。

吾不敢为主，

主，先也。不敢先举兵。

而为客；

客者，和而不倡，用兵当承天而后动。

不敢进寸，而退尺。

侵人境界，利人财宝为进，闭门守城为退。

是谓行无行，

彼遂不止，为天下贼，虽行诛之，不行诛也。

攘无臂，

虽欲大怒，若无臂可攘也。

仍无敌，

虽欲仍引之心，若无敌可仍也。

执无兵。

虽欲执持之，若无兵刃可持用也。何者伤彼之民，罹罪于天？遭不道之君愍忍丧之痛也。

祸莫大于轻敌，

夫祸乱之害，莫大于欺轻敌家，侵取不休，轻战贪财。

轻敌几丧吾宝。

几，近也。宝，身也。欺轻敌者，近丧身也。

故抗兵相加，

两敌战也。

哀者胜矣。

哀者，慈仁士卒，不远于死。

知难第七十

吾言甚易知，甚易行。

老子言吾所言，省而易知，约而易行。

天下莫能知，莫能行。

人恶柔弱，好刚强也。

言有宗，事有君。

我所言有宗祖根本，事有君臣上下。世人不知者，非我之无德，不与我反。

夫唯无知，是以不我知。

夫唯圣人也，是我德之暗，不见于外，穷极微妙，故无知也。

知我者希，则我者贵。

希，少也。唯达道者，乃能知我，故为贵也。

是以圣人被褐怀玉。

被褐者，薄外怀玉者，厚内，匿宝藏怀，不以示人也。

知病第七十一

知不知，上。

知道言不知，是乃德之上。

不知知，病。

不知道言知，是乃德之病。

夫唯病病，是以不病。

夫唯能病苦众人，有强知之病，是以不自病也。

圣人不病，以其病病。

圣人无此强知之病者，以其常苦众人有此病。

是以不病。

以此非人也，故不自病。夫圣人怀通达之知，托于不知者，欲使天下质朴忠正各守纯性。小人不知道意，而妄行强知之争以自显著，内伤精神，减寿消年也。

爱己第七十二

民不畏威，大威至矣。

威，害也。人不畏小害，则大害至，谓死亡也。畏之者当爱精神，承天顺地也。

无狭其所居，

谓心居神，当宽柔不当急狭也。

无厌其所生。

人所以生者，为有精神。托空虚，喜清净，饮食不节，忽道念色，邪僻满腹，为伐本厌神。

夫唯不厌，是以不厌。

夫唯独不厌精神之人，洗心濯垢，恬泊无欲，则精神居之不厌也。

是以圣人自知，

自知己之得失。

不自见；

不自显见，德美于外，藏之于内。

自爱，

自爱其身，以保精气也。

不自贵。

不自贵高，荣名于世。

故去彼取此。

去彼自见自贵，取此自知自爱。

任为第七十三

勇于敢则杀，

勇敢有为，即杀身也。

勇于不敢则活。

勇于不敢有为，则活其身。

此两者，

谓敢与不敢也。

或利或害。

活身为利，杀身为害。

天之所恶，

恶有为也。

孰知其故？

谁能知天意之故而不犯？

是以圣人犹难之。

言圣人之明德，犹难于勇敢，况无圣人之德而欲行之乎？

天之道，不争而善胜，

天不与人争贵贱，而人自畏之。

不言而善应，

天不言，万物自动应以时。

不召而自来，

天不呼召，万物皆负阴而向阳。

繟然而善谋。

繟，宽也。天道虽宽博，善谋虑人事，修善行恶，各蒙其报也。

天网恢恢，疏而不失。

天所网罗，恢恢甚大，虽疏远，司察人善恶，无有所失。

制惑第七十四

民不畏死，

治国者刑罚酷深，民不聊生，故不畏死也。治身者嗜欲伤神，贪财杀身，民不知畏之也。

奈何以死惧之？

人君不宽刑罚，教民去情欲，奈何设刑法以死惧之？

若使民常畏死，

当除己之所残剋，教民去利欲也。

而为奇者，吾得执而杀之，孰敢？

以道教化，而民不从，反为奇巧，乃应王法，执而杀之，谁敢有犯者？老子伤时王不先道德化之，而先刑罚。

常有司杀者。

司杀者，天居高临下，司察人过，天网恢恢，疏而不失也。

夫代司杀者，是谓代大匠斫。

天道至明，司杀者常犹春生夏长，秋收冬藏，斗杓运移，以节度行之。人君欲代杀之，是犹拙夫代大匠斫木，劳而无功也。

夫代大匠斫者，希有不伤手者矣。

人君行刑罚，犹拙夫代大匠斫，则方圆不得其理，还自伤。代天杀者，失纪纲，不得其纪纲，还受其殃也。

贪损第七十五

民之饥，以其上食税之多，

人民所以饥深者，以其君上税食下太多。

是以饥。

民皆化上为矣，叛道违德，故饥。

民之难治，以其上之有为，

民之不可治者，以其君上多欲，好有为也。

是以难治。

是以其民化上有为，情伪难治。

民之轻死，以其求生之厚，

人民轻犯死者，以其求生活之道太厚，贪利以自危。

是以轻死。

以求生太厚之故，轻入死地也。

夫唯无以生为者，是贤于贵生。

夫唯独无以生为务者，爵禄不干于意，财利不入于身，天子不得臣，诸侯不得使，则贤于贵生也。

戒强第七十六

人之生也柔弱，

人生含和气抱精神，故柔弱也。

其死也坚强。

人死，和气竭，精神亡，故坚强也。

万物草木之生也柔脆，

和气存也。

其死也枯槁。

和气去也。

故坚强者死之徒，柔弱者生之徒。

以其上二事观之，知坚强者死，柔弱者生也。

是以兵强则不胜，

强大之兵，轻战乐杀，毒流怨结，众弱为一强，故不胜。

木强则共。

木强大，枝弱共生其上也。

强大处下，柔弱处上。

兴物造功，大木处下，小物处上，大道抑强扶弱，自然之效。

天道第七十七

天之道，其犹张弓乎？

天道暗昧，举物以为喻也。

高者抑之，下者举之；有余者损之，不足者与之。

言张弓和调之，如是乃可用。夫抑高举下，损强益弱，天之道也。

天之道，损有余而补不足。

天道损有余而益谦，常以中和为上。

人之道则不然，

人道则与天道反也。

损不足以奉有余。

世俗之人损贫以奉富，夺弱以益强也。

孰能有余以奉天下？唯有道者。

言谁能居有余之位，自省爵禄，以奉天下不足者乎？唯有道之君能行也。

是以圣人为而不恃，

圣人为德施，不恃其报也。

功成而不处。

功成事就，不处其位。

其不欲见贤。

不欲使人知己之贤，匿功不居荣，畏天损有余也。

任信第七十八

天下柔弱莫过于水，

圆中则圆，方中则方，拥之则止，决之则行。

而攻坚强者莫知能胜，

水能怀山襄陵，磨铁消铜。莫能胜水而成功也。

其无以易之。

夫攻坚强者，无以易于水。

弱之胜强，

水能灭火，阴能消阳。

柔之胜刚，

舌柔齿刚，齿先舌亡。

天下莫不知，

知柔弱者长久，刚强者折伤也。

莫能行。

耻谦卑，好强梁。

故圣人云：

谓下事也。

受国之垢，是谓社稷主；

君能受国垢浊者，若江海不逆小流，则能长保其社稷，为一国君主也。

受国之不祥，是谓天下王。

君能引过，自与代民受不祥之殃，则可以王有天下。

正言若反。

此乃正直之言，世人不知以为反言。

道德经

任契第七十九

和大怨，

杀人者死，伤人者刑，以相和报。

必有余怨；

任刑者失人情，必有怨及于良人也。

安可以为善？

言一人吁嗟，则失天心，安可以和怨为善也？

是以圣人执左契，

古者，圣人执左契，合符信也。无文书法律，刻契合符以为信也。

而不责于人。

但刻契之信，不责人以他事也。

有德司契，

有德之君，司察契信而已。

无德司彻。

无德之君，背其契信，司人所失。

天道无亲，常与善人。

天道无有亲疏，唯与善人，则与司契者也。

独立第八十

小国寡民。

圣人虽治大国，犹以为小，俭约不奢泰，民虽众，犹若寡少，不敢劳之也。

使有什伯，

使民各有部曲什伯贵贱，不相犯也。

人之器而不用；

器，谓农人之器。而不用，不征召夺人良时也。

使民重死，

君能为民，兴利除害，各得其所，则民重死而贪生也。

而不远徙。

政令不烦，则安其业，故不远迁徙离其常处。

虽有舟舆，无所乘之；

清静无为，不作烦华，不好出入，游娱也。

虽有甲兵，无所陈之。

无怨恶于天下。

使民复结绳而用之。

去文反质，信无欺也。

甘其食，

甘其蔬食，不渔食百姓也。

美其服，

美其恶衣，不贵五色。

安其居，

安其茅茨，不好文饰之屋。

乐其俗。

乐其质朴之俗，不转移也。

邻国相望，鸡狗之声相闻，

相去近也。

民至老不相往来。

其无情欲。

显质第八十一

信言不美，

信者，如其实。不美者，朴且质也。

美言不信。

滋美之言者，孳孳华词。不信者，饰伪多空虚也。

善者不辩，

善者以道修身，不彩文也。

辩者不善。

辩者，谓巧言也。不善者，舌致患也。山有玉，掘其山；水有珠，浊其渊；辩口多言，亡其身。

知者不博，

知者，谓知道之士。不博者，守一元也。

博者不知。

博者，多见闻。不知者，失要真也。

圣人不积，

圣人积德不积财。有德以教愚，有财以与贫也。

既以为人，己愈有；

既以为人施设德化，己愈有德。

既以与人，己愈多。

既以财贿布施与人，而财益多，如日月之光，无有尽时也。

天之道，利而不害。

天生万物，爱育之，令长大无所伤害也。

圣人之道，为而不争。

圣人法天所施为，化成事就，不与下争功名，故能全其圣功也。

线装国学馆